NICOLE ESTHER LIWON

Kreuzstich Märchenmotive

NICOLE ESTHER LIWON

Kreuzstich Märchenmotive

Mit Zählmustern in Farbe

AUGUSTUS VERLAG

Inhalt

Material 6
Stickgrund 6
Garn 6
Nadeln 7

Technik 8
Der Kreuzstich 8
Der Rückstich 8
Noch ein paar Tips 9

Kleidung 10
Kinderkleidchen mit Haube und Schuhen 10
Latzhose 12
Hemd mit Schal 14
T-Shirts 16
Wäschezeichen 20

Wäsche 22
Bettwäsche 23
Reisedecke mit Kissen 24
Handtuch, Badetuch und Waschlappen 34
Tischwäsche 36

Fürs Kinderzimmer 38
Ein Maßband 39
Stickbilder 42
Regalborten 46

Impressum 48

Vorwort

Wer gerne stickt, ist immer auf der Suche nach neuen, geschmackvollen Motiven. Ich habe selbst lange Zeit nach Vorlagen gestickt, bis ich Lust bekam, meine eigenen Ideen umzusetzen und Muster zu entwerfen. Gerade die Märchen bieten eine Fülle von Motiven für Bilder, Borten, Kleidung, Kissen und Decken – seien es nun altbekannte wie „Schneewittchen" oder „Hänsel und Gretel", abgelegenere wie „Kalif Storch" von Wilhelm Hauff oder Kinderbücher wie „Pippi Langstrumpf" oder „Karlsson vom Dach". Beispiele für die vielen Verwendungsmöglichkeiten finden Sie in diesem Buch.

Die Motive, im Kreuzstich auf gut auszählbarem Gewebe gestickt, sind ganz leicht nachzuarbeiten. Die farbigen Zählvorlagen helfen Ihnen dabei.

Mein Dank für Unterstützung und Zuspruch bei der Arbeit an diesem Buch gilt Ingrid, Simone und Dieter.

Ich wünsche Ihnen so viel Freude beim Sticken, wie ich beim Entwerfen der Muster hatte!

Nicole Esther Liwon

Material

Stickgrund

Die Auswahl des Stoffes hängt von der späteren Bestimmung der Stickarbeit ab; so wählt man für die Küche eher einen Waffel-Piqué oder ein Vichy-Karo, für Bettwäsche dagegen Baumwoll-Batist oder Baumwoll-Satin.

Die im Buch gezeigten Wandbilder sind aus sogenanntem Zählstoff, den man im Fachhandel in verschiedenen Farben und verschiedenen Qualitäten erhält. Dort bekommt man auch die Borten aus Aida-Stoff in verschiedenen Breiten, Farben, Materialien und mit unterschiedlicher Randeinfassung.

Bei vorgefertigter Kleidung und anderen fertigen Textilien sowie bei Stoffen, deren Gewebefäden nicht deutlich erkennbar sind oder zu unregelmäßig verlaufen, verwendet man Stramin, der dann als Zählvorlage dient. Der Stramin wird vor Beginn der Stickerei mit groben Heftstichen auf dem Stoff oder Kleidungsstück befestigt. Nach Beendigung der Stickarbeit wird das Stramingewebe unter der Stickerei angefeuchtet, und Faden für Faden mit einer Pinzette herausgezogen.

Stramin kann man im Fachhandel in verschiedenen Stärken erhalten, je nach gewünschter Stichgröße. Um Ihre Stichgröße zu ermitteln, sollten Sie einige Probestiche auf Stramin sticken und dieses Probestück dann auf das Kleidungsstück legen. Dann entscheiden Sie, ob die Größe angemessen ist.

Garn

Alle vorliegenden Arbeiten habe ich mit *Anchor* Sticktwist von *Coats Mez* angefertigt.

Dieses Garn eignet sich hervorragend für alle Stickarbeiten, weil es zum einen eine sehr große Farbauswahl bietet und zum anderen ein Spaltgarn ist, d.h. ein mehrfädiges Garn, dessen Stärke Sie selbst bestimmen können, und zwar abhängig von:

– der gewählten Stoffart: je dicker und dunkler der Stoff, desto stärker das Garn (manche Stoffe bilden hier eine Ausnahme: Jersey sollte z.B. nur mit feinem Garn gestickt werden, weil sonst leicht das Gewebe gesprengt wird und Laufmaschen entstehen);
– dem Motiv: je zarter das Motiv, desto dünner das Garn;
– Ihrer Kreativität: Das Garn bietet Ihnen die Möglichkeit, auch innerhalb einer Stickarbeit die Garnstärke zu variieren, um dem Motiv bestimmte Schattierungen zu verlei–

hen oder einzelne Motivteile stärker herauszuarbeiten. *Anchor* Sticktwist hat aber auch noch einen weiteren Vorteil, in dessen Genuß ich selbst schon gekommen bin. Sie können dieses Garn fast überall kaufen, zum Beispiel auch in Italien oder Frankreich.

Aber egal welches Garn Sie verwenden, achten Sie darauf, daß es farbecht, waschbar und – vor allem bei Kinderkleidung – strapazierfähig ist.

Obwohl *Coats Mez* laut Banderole Farbechtheit garantiert, sollten Sie bei dunklen Tönen vorsichtig sein. So läuft zum Beispiel bei einer 60°-Wäsche das Schwarz (Nr. 403) aus und verfärbt nicht nur das Stickstück. Deshalb ist es ratsam, die Garne vor Gebrauch in ein Kopfkissen gesteckt (damit sich die Fäden nicht verwirren) bei 40° zu waschen, um spätere Enttäuschungen zu vermeiden (siehe Tips, Seite 5).

Noch einige Worte zur Farbauswahl bei Stickereien:

Für Kinder sollten Sie nach dem Motto sticken: je bunter, desto besser. Es kann eigentlich gar nicht bunt genug sein.

Für sich selbst: Zu jeder Farbe bietet *Coats Mez* eine Reihe von Farbschattierungen, und Sie finden auch für vorgefertigte Kleidungsstücke immer den passenden Farbton.

Ein modischer Tip: Kommen Sie von klassischen Farbkombinationen weg. Früher kaum vorstellbare Farbzusammenstellungen bieten heute ein aufregendes Bild. Kombinieren Sie doch einmal Orange und Lila, oder Grün und Pink.

Nadeln

Es gibt zwei Sticknadelsorten: mit und ohne Spitze. Hierbei hängt Ihre Wahl von dem Stoff ab, den Sie besticken wollen.

Stumpfe Nadeln:
für Zählstoffe, Arbeiten nur auf Stramin (für Kinder), dicke, grobe Strickwaren.

Spitze Nadeln:
für alle anderen Stoffarten, aber vor allem bei Jersey und feinem Batist, da dieses Gewebe und Gewirke mit stumpfen Nadeln gesprengt und somit zerstört würden.

Sie brauchen zudem: eine spitze, feine Schere, z.B. eine Stickschere, aber eine gute Nagelschere tut es auch; eine Pinzette mit geradem Abschluß zum Lösen der Straminfäden.

Auf einen Stickrahmen kann man bei Kreuzstichstickarbeiten meines Erachtens fast immer verzichten. Mich hat der Stickrahmen immer bei der Arbeit gestört, außerdem verzieht der Rahmen das Gewebe oft so sehr, daß auch mehrmaliges Waschen und Dampfbügeln diese Unregelmäßigkeiten nicht mehr korrigieren können.

Technik

Die für dieses Buch verwendeten Sticharten sind äußerst einfach zu erarbeiten und deshalb auch und gerade für Kinder leicht zu erlernen. Kleine Arbeiten könnten Sie auch gemeinsam mit Ihren Kindern nachsticken. Vielleicht entstehen so auch gleich Oster-, Weihnachts- oder Geburtstagsgeschenke.

Der Kreuzstich

Beim Kreuzstich kommt es weniger auf Geschicklichkeit, als vielmehr auf Geduld und Genauigkeit beim Auszählen des Zählstoffes und der Mustervorlage an.

Der Kreuzstich besteht aus zwei Stichen, dem Grund- und dem Deckstich; im allgemeinen weist der Grundstich von links unten nach rechts oben, der Deckstich von links oben nach rechts unten.

Links unten stechen Sie aus dem Gewebe heraus und rechts oben wieder hinein (Grundstich). Sticken Sie eine Reihe, so stechen Sie direkt unter dem rechten oberen Einstich wieder heraus und wiederholen den Vorgang. Sind Sie am Ende der Reihe angekommen, stechen Sie wie vorher auch direkt unter dem Einstich wieder heraus, stechen nun aber links oben wieder ein, direkt darunter wieder heraus (Deckstich) und wiederholen dies bis zum Anfang der Reihe.

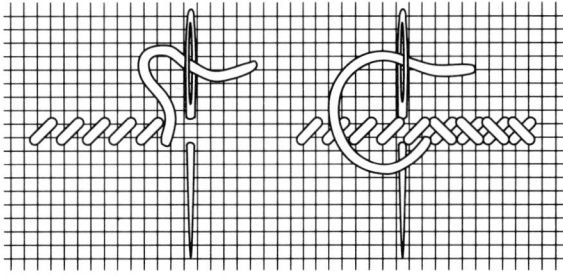

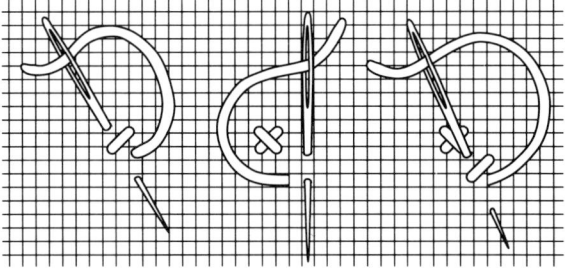

Der Rückstich

Der zweite Stich, den wir für die gezeigten Motive benötigen, wird Rück- bzw. Steppstich genannt, und ist im Stickbild nur als einfache Linie zu erkennen. Er eignet sich besonders gut für Konturen. Der Name erklärt sich durch den Stickvorgang. Der sichtbare Teil des Stiches wird entgegen der eigentlichen Stickrichtung gestickt.

Um die Länge eines Stiches sticht man vor dem eigentlichen Stichanfang aus dem Stoff heraus und stickt zum Anfang zurück, dann zieht man den Faden wieder um eine Stichlänge vor dem letzten Stich unter dem Stoff weiter, sticht aus dem Stoff heraus und wieder zurück.

Noch ein paar Tips

- Sollten Sie tatsächlich einmal ein Loch im Gewebe fabriziert haben: wenn Sie jetzt schnell handeln – kein Problem.

Hinterkleben Sie großzügig das Loch mit Bügelvlieseline, und sticken Sie ein passendes Motiv darüber. Sollte das Malheur bei der Bearbeitung eines Motives passieren, womöglich am Rand des Motivs, so hinterkleben Sie die Stelle und sticken z.B. den Bauch etwas dicker, die Schuhe etwas größer, einen Hut auf den Kopf oder ähnliches. Sie werden sehen, es fällt Ihnen bestimmt etwas ein, und die Figuren werden dadurch noch schöner, daß Sie – wenn auch gezwungenermaßen – selbst an den Entwurf Hand anlegen.

- Ihr Werkstück hat sich beim Waschen verfärbt?

Entfärben Sie das Stück vorsichtig, und falls dies nicht fruchtet, so überfärben Sie das Ganze mit einer um einen Ton dunkleren Stofffarbe.

- Entfernen Sie aus allen fertigen Kleidungsstücken, die Sie besticken wollen, die Hersteller-Etiketten – Sie wollen doch nicht Fremde mit Ihren Federn schmücken! Und, sehr wichtig, ergänzen oder entfernen Sie die Waschetiketten.

Feineres Gewebe sollten Sie nur noch reinigen lassen oder von Hand waschen, robusteres bis höchstens 40° waschen.

- Bei Löchern in Jersey reicht der Trick mit dem Hinterkleben nicht aus. Hier können Sie eventuell eine aufgetretene Laufmasche mittels einer sehr feinen Häkelnadel noch auffangen und wieder nach oben arbeiten, dann den gebrochenen Faden mit einer feinen Nähnadel und dünnem Garn fixieren und diese Stelle dann hinterklebt mit einem Motiv übersticken.

9

Kleidung

Kinderkleidchen mit Haube und Schuhen

Das Kleid ist nach einem Fertigschnitt aus Baumwollbatist selbstgenäht und dann mit Hilfe von Stramin bestickt. Nähen Sie den Stramin mit feiner Nähnadel und dünnem Nähfaden mit großen Heftstichen auf den Batist. Spätestens nach zwei oder drei Stickstichen ist er endgültig fixiert, und die Heftfäden können sofort wieder entfernt werden, damit sie keine bleibenden Löcher hinterlassen.

Sie brauchen eine spitze Sticknadel, um den feinen Batist nicht zu sprengen, und sollten – dem Stoff angemessen auch nur zweifädig arbeiten. Sticken Sie jeden Stich separat, d.h. führen Sie Ein- und Ausstich nicht in einem Arbeitsgang aus, weil sonst das Stickbild äußerst unregelmäßig wird.

Bügeln Sie die Stickarbeit auch während des Stickens öfters mit viel Dampf auf, um ein Verziehen des Gewebes zu vermeiden. Sie sollten aber nicht zu locker arbeiten, denn nach dem Auslösen des Stramins lockert sich die Stickerei sowieso. Am besten entwickeln Sie, bevor Sie sich an das Prachtstück machen, ein Gefühl für das Gewebe, indem Sie einen Probefrosch auf einen Stoffrest sticken.

Dieses Vorgehen empfiehlt sich auch bei allen anderen Materialien, die Sie besticken, denn auf jeder Stoffart stickt es sich anders. Sticken Sie z.B. bei fertiger Kleidung zuerst die Initialen des Besitzers in den Saum ein, bevor Sie sichtbare Teile besticken.

Das Motiv des Frosches wiederholt sich auf der Haube und den Schuhen, die ich bereits vorgefertigt gekauft habe.

Das Besticken der Schuhe bereitet einige Mühe und braucht Zeit, weil man bei den kleinen Teilen kaum weiß, wie man sie fassen soll.

Arbeitszeit:
Nähzeit: für den Laien etwa 10 Stunden
Stickzeit:
Kleid 6 Stunden
Haube 2 Stunden
Schuhe 3 Stunden

Garnnummern
*(Anchor-*Sticktwist von *Coats Mez):*

290
1012
47
100
142
149
226
246
359
403
314

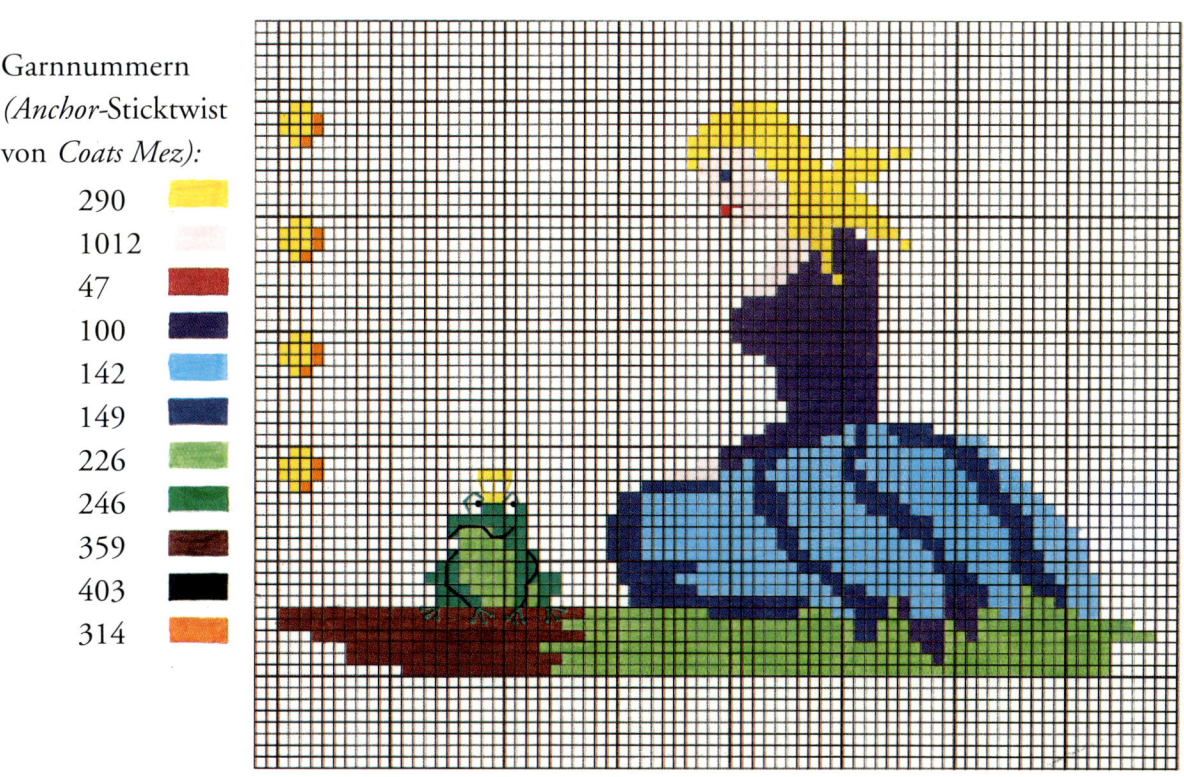

11

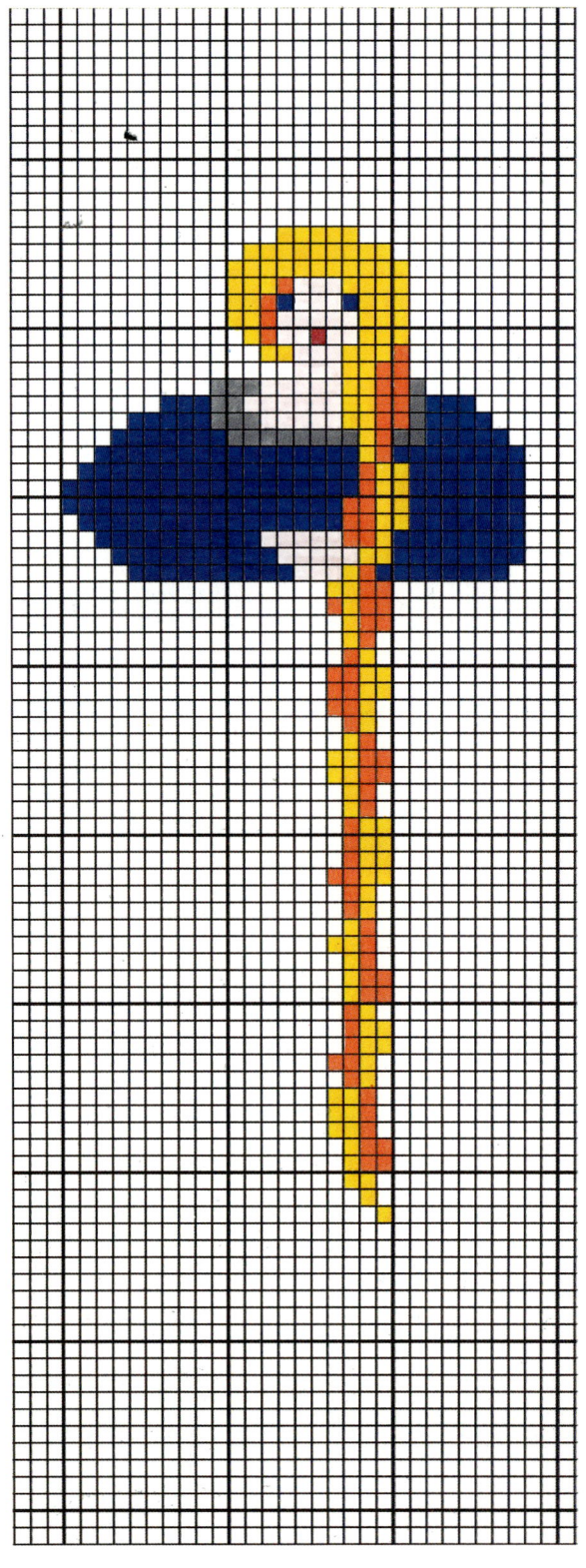

Latzhose

Eine Latzhose ist ungemein praktisch und wird von allen Kindern gern getragen. Ein kleines Stickmotiv auf dem Latz, auf der hinteren Hosentasche oder am Bein entlang macht das gute Stück unverwechselbar.

Das Motiv »Rapunzel« ist mit Hilfe von Stramin auf die Hose gestickt worden. Danach werden, ohne Vorzeichnung oder Zählgewebe, mit großen Stichen Konturen des Turmes aufgestickt.

Arbeitszeit:
3-4 Stunden

Garnnummern
(Anchor-Sticktwist von *Coats Mez):*

- 290
- 1012
- 316
- 47
- 149
- 400

Hemd mit Schal

Das gekaufte Hemd habe ich mit feinem Stramin als Zählvorlage zweifädig bestickt. Die Zwerge sind willkürlich auf dem Hemd verteilt: vorne, hinten, auf dem Ärmel.

Richten Sie sich bei Ein- und Ausstich nach dem Gewebe. Stechen Sie wenn möglich nie durch einen Gewebefaden durch, sondern immer zwischen zwei Fäden, sonst wird Ihr Werkstück nach mehrmaligem Tragen und Waschen sehr bald unansehnliche Löcher aufweisen.

Vernähen Sie alle Fäden sehr sauber: Das Hemd wird ein Kleidungstück für alle Tage, also sehr strapaziert. Hier muß gründlich gearbeitet werden. Für den Schal brauchen Sie feines farbiges Leinengewebe (Stoffbreite richtet sich nach der gewünschten Länge des Schals). Stramin erübrigt sich. Da sich das Gewebe sehr leicht auflöst, sollten Sie alle Seiten mit Zick-Zack-Stichen versäubern und dann erst rechts auf rechts zusammennähen, wenden und bügeln. Ein Futter ist hierfür nicht nötig, der Stoff ist formbeständig genug. Der Schal kann dann locker in vielen Variationen gewickelt, geknotet und gebunden werden.

Arbeitszeit:
pro Zwerg 2 1/2 Stunden; Schneewittchen und der Apfel 6 Stunden

Nähzeit (Schal): 20 Minuten

Garnnummern
(Anchor-Sticktwist von Coats Mez):

Zwerge	Schneewittchen
290	1012
1012	316
316	334
334	47
47	133
57	226
100	228
142	246
149	359
228	403
370	
400	
403	

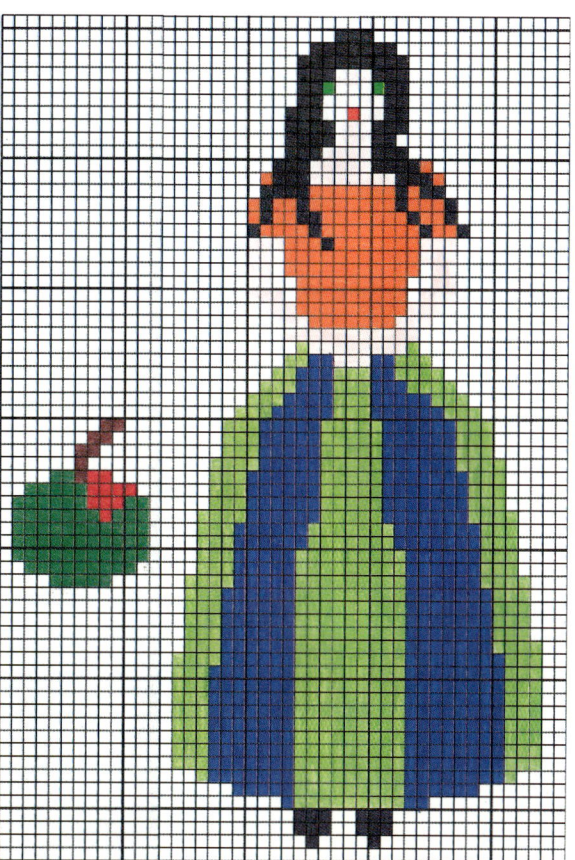

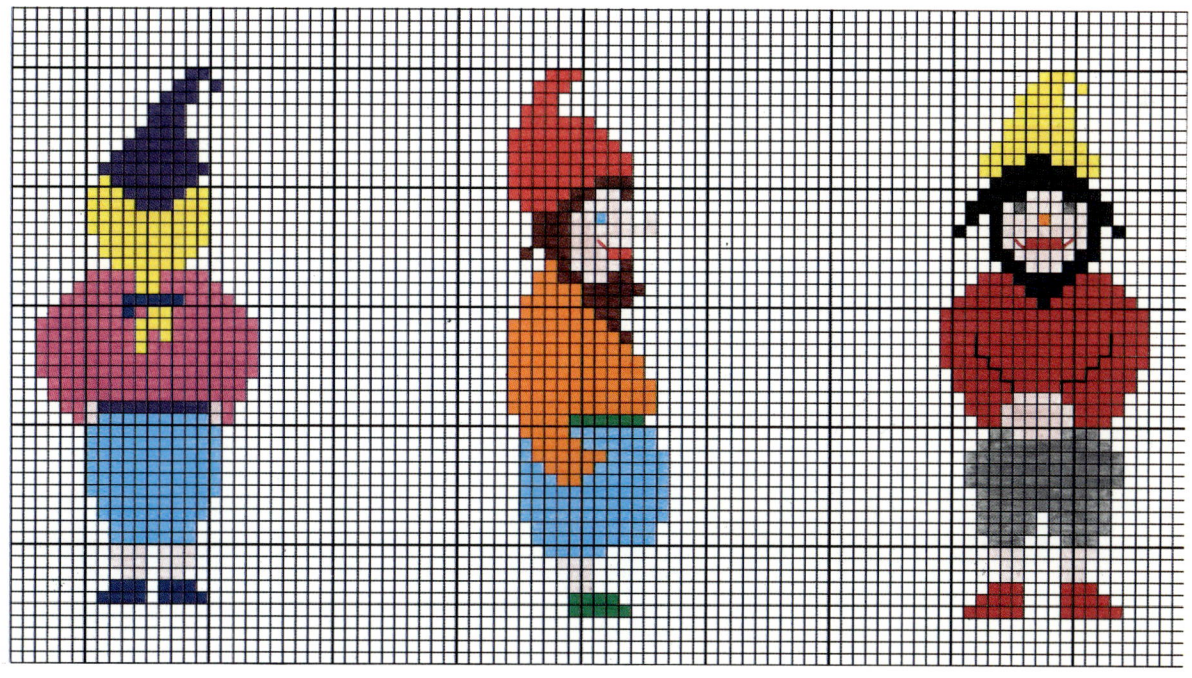

T-Shirts

Die Shirts sind wie fast alle anderen Teile fertig und günstig gekauft. Zum Auszählen der Muster habe ich verschiedene Stramin-Stärken von ganz fein bis sehr grob verwendet. Je nach Größe variieren Sie natürlich die Garnstärke:

ganz fein	zweifädig
mittel	dreifädig
grob	mindestens vierfädig

Nun ein paar Worte zu Wirkwaren (T-Shirt-Stoff, Jersey):

Hier gilt es, besonders auf die Gewebestruktur zu achten. Wenn Sie beim Ein- oder Ausstechen nur einen Gewebefaden verletzen oder gar sprengen, löst sich Ihr Werk in kürzester Zeit auf. Es wird wahrscheinlich nicht einmal eine Wäsche überleben.

Deshalb:

1. Verwenden Sie eine sehr feine Nadel mit guter Spitze, vielleicht sogar eine normale Nähnadel.
2. Machen Sie zu Anfang erst einmal zweifädige Arbeiten, das geht leichter.
3. Verzichten Sie auf das Aufnähen des Stramins. Halten Sie Ihn fest, bis die ersten drei Stiche fertig sind, dann ist er genügend fixiert.
4. Stechen Sie immer mit besonderer Vorsicht zwischen den Fäden durch.
5. Seien Sie auch beim Lösen des Stramins sehr vorsichtig. Das Material ist sehr starr

Garnnummern
(*Anchor*-Sticktwist von *Coats Mez*):

- 1012
- 57
- 334
- 142
- 149
- 226
- 347
- 403

und rauh. Lösen Sie die einzelnen Straminfäden durch leichtes Hin- und Herbewegen aus dem Verbund, und ziehen Sie sie dann sehr langsam heraus.

Trotz allem sind die Stickereien auf Jersey viel schneller gearbeitet als auf anderen Stoffarten, und der Erfolg ist sehr schnell sichtbar.

Ein weiteres Motiv für T-Shirts – »Der kleine Vampir« – finden sie auf Seite 38/39.

Arbeitszeit: pro Motiv 3-4 Stunden

Garnnummern
*(Anchor-*Sticktwist von *Coats Mez)*:
- 290
- 47
- 400
- 403

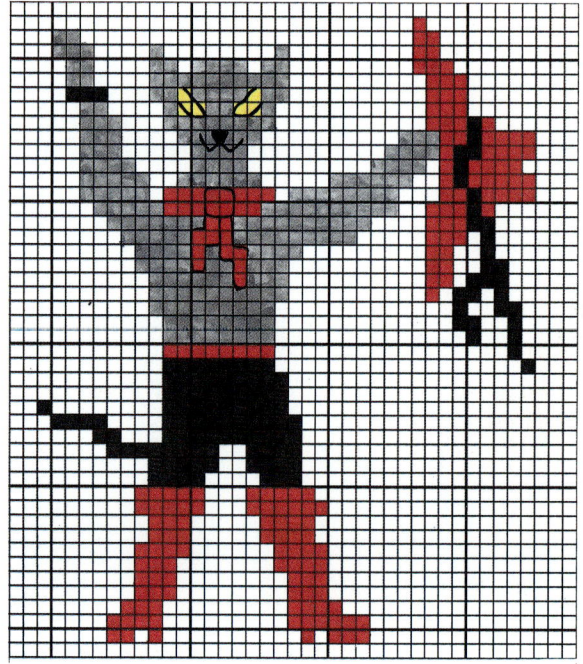

18

Wäschezeichen

Meist gehen beim Urlaub, Kuraufenthalt, Schullandheim und Trainingslager Wäsche- und Kleidungsstücke verloren. Deshalb ist es sinnvoll, sie mit einem Wäschezeichen zu versehen: Initialen des Kindes, kombiniert mit einem kleinen Motiv. So wird auch ein Kind im Vorschulalter seine eigenen Stücke mühelos wiedererkennen. Für die kleinen Stickereien können Sie sehr gut Ihre Garnreste verwenden.

Arbeitszeit:
pro Zeichen mit Befestigung etwa 1 Stunde

Das Alphabet: Nach einem Stickmusterbuch aus der ersten Hälfte des 19. Jahrhunderts, im Besitz des Museums für Kunsthandwerk, Frankfurt am Main, Ausstellungsstück 5385/RF113.

Garnnummern
(Anchor-Sticktwist von *Coats Mez*):

■	57	■	290
■	403	■	316
■	47	■	228
		■	347

Das »J« und die Zahlen sind ergänzende eigene Entwürfe.

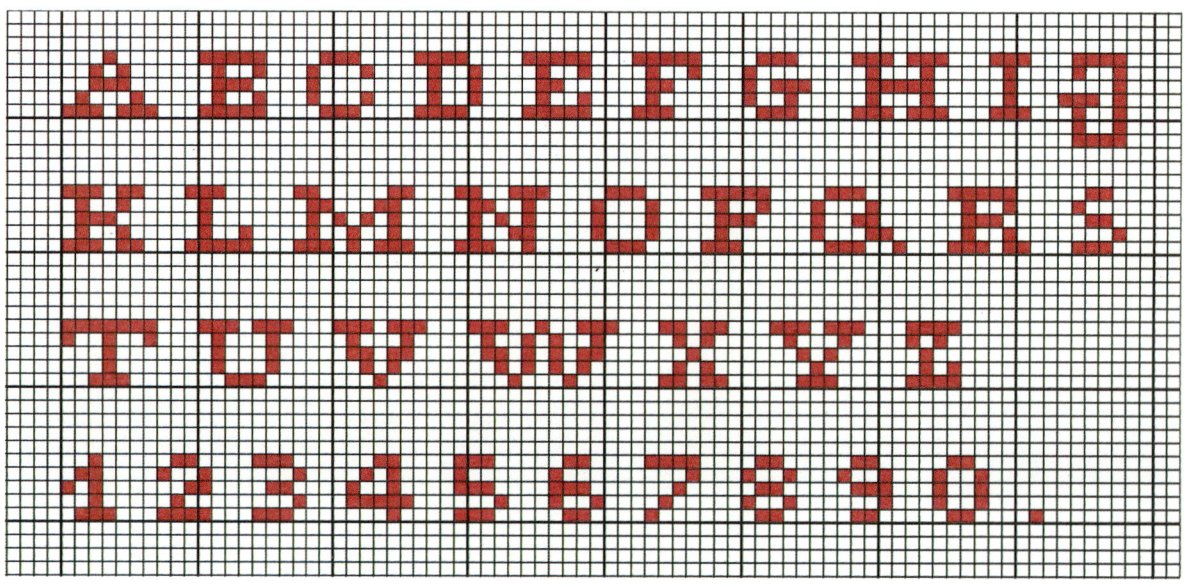

20

21

Wäsche

22

Bettwäsche

Die Bettwäsche ist wie das Kleidchen (S. 10) aus Baumwollbatist genäht (Sticktips siehe S. 16). Natürlich kann man auch einen vorhandenen, fertigen Kopfkissenbezug, Größe 80 x 80 cm, verwenden. Genauso kann man das Kopfkissen aus einem Sofakissen fertigen (Größe 40 x 40).

Hierzu kann ich mir auch sehr gut einen Betthimmel aus Chiffon mit vereinzelt aufgestickten Tauben vorstellen.

Garnnummern
(Anchor-Sticktwist von Coats Mez):

- 290
- 1012
- 47
- 142
- 133
- 226
- 246
- 370
- 359
- 403

Arbeitszeit:
Nähzeit: 1-2 Stunden
Stickzeit: 6-8 Stunden, je nach Anzahl der Tauben

Reisedecke mit Kissen

Aus Stoffresten (zu Hause gefunden, bei Freunden gesammelt oder auch gekauft) läßt sich eine außergewöhnliche Patchwork-Decke mit vielerlei Motiven anfertigen: Ein richtiges gesticktes Märchenbuch entsteht da, ein Potpourri der beliebtesten Kindermärchen. Ich habe dafür Wollstoffreste verwendet und aus Kostengründen sogenannten Fleece-Stoff für die Rückseite dazugekauft. Die Rückseite sollte einfarbig, aber in einer hellen, freundlichen Farbe gehalten sein.

Sticken Sie auf Wollstoffen mindestens dreifädig über Stramin, und stellen Sie jeden Stich einzeln fertig, damit das Stickbild ebenmäßig wird.

Wenn Sie die einzelnen Motive gestickt haben, legen Sie sie zunächst auf dem Boden oder auf einem Tisch aus, um sie ansprechend zusammenzusetzen. Trennen Sie die einzelnen Stoffteile durch Streifen in einer neutralen Farbe: So bekommen die Bilder einen schönen Rahmen, und die Decke wirkt trotz der Vielfalt an Farben und Motiven einheitlich.

Danach nähen Sie Vorder- und Rückseite rechts auf rechts aufeinander und lassen 20 cm der Naht offen. Wenden Sie die Decke und schließen Sie die Naht mit feinen Stichen per Hand.

Wenn Sie dünnere Stoffreste verwenden, sollten Sie zusätzlich zur farblich passenden Rückseite ein dickes Vlies zwischen die beiden Stofflagen nähen, um der Decke das nötige Volumen zu verleihen. Dann sollten Sie allerdings die Lagen nicht rechts auf rechts zusammenfügen, sondern sandwichartig schichten: Rückseite mit der rechten Seite nach unten, darauf das Vlies, darauf die Vorderseite mit der Schauseite nach oben. Heften Sie die Lagen mit großen Stichen von der Mitte aus zusammen, und sticken Sie um jedes Quadrat mit festem Faden und winzigen Heftstichen herum, um die Lagen gegen Verrutschen zu sichern. Diesen Vorgang nennt man »Quilten«.

Das Motiv für das Kissen sticken Sie auf ein Stück Stoff, das Sie groß genug für das gewünschte Kissen wählen. Die Stickerei wird rechts auf rechts auf ein passendes Stück Fleece- oder Wollstoff genäht, wobei Sie eine Paspel mitfassen können. Ein Stück der Naht lassen Sie wieder offen, um ein Kissen in den Bezug stecken zu können oder die Hülle mit Bastelwatte zu füllen. Mit kleinen Handstichen schließen Sie die Naht.

Arbeitszeit:
Nähzeit: für Laien 3 Stunden
Stickzeit: pro Motiv ca. 6 Stunden

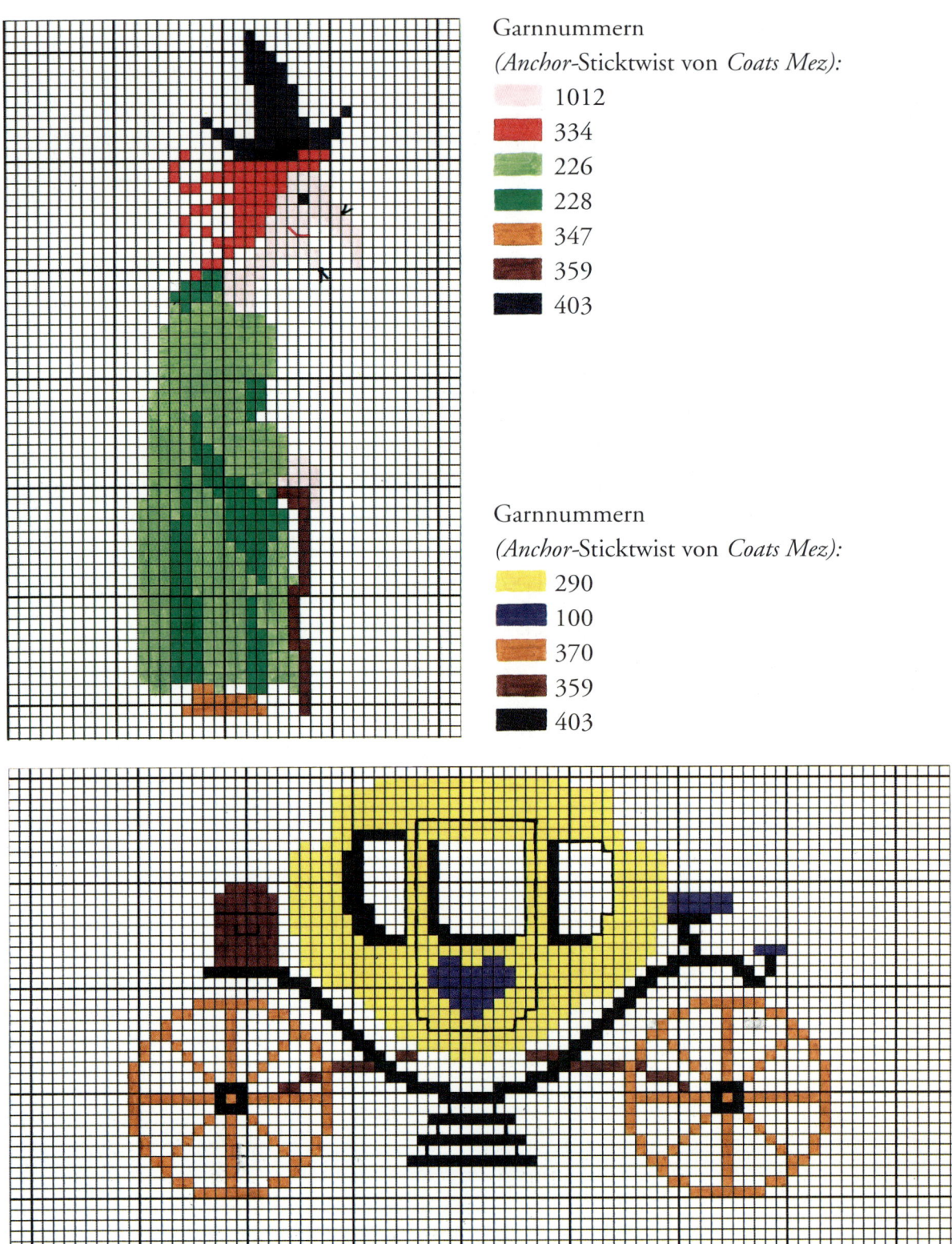

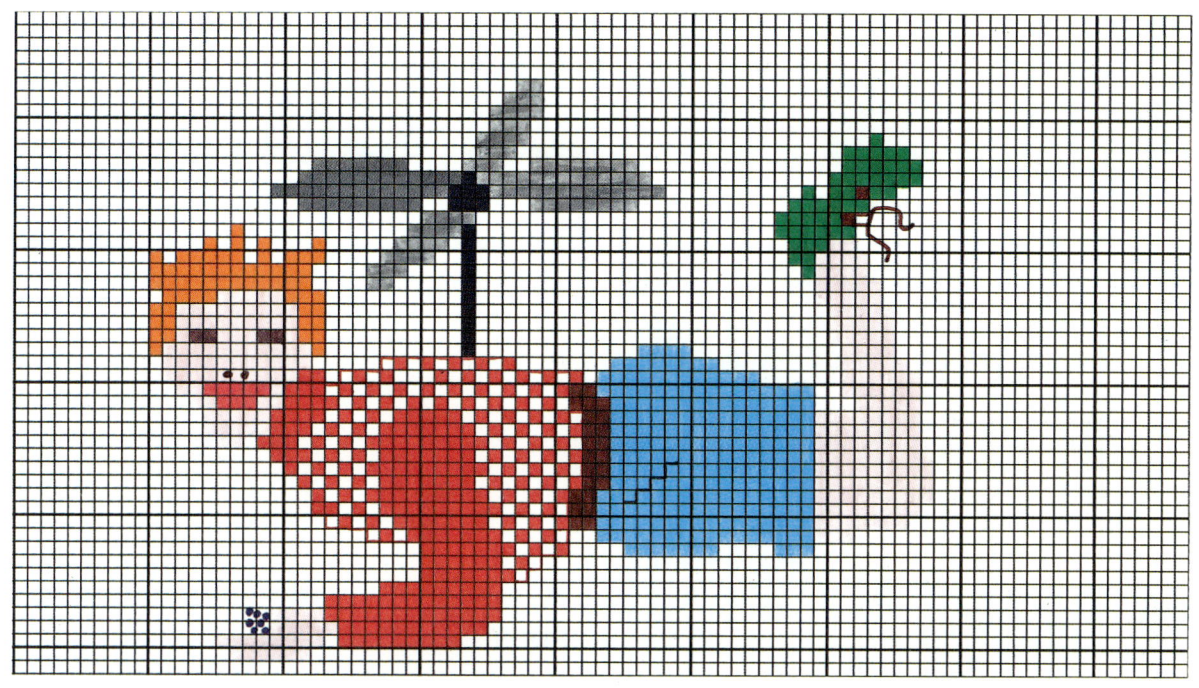

Garnnummern
(Anchor-Sticktwist von *Coats Mez)*:

☐ 1	■ 142
■ 1012	■ 228
■ 316	■ 349
■ 334	■ 400
■ 100	■ 403

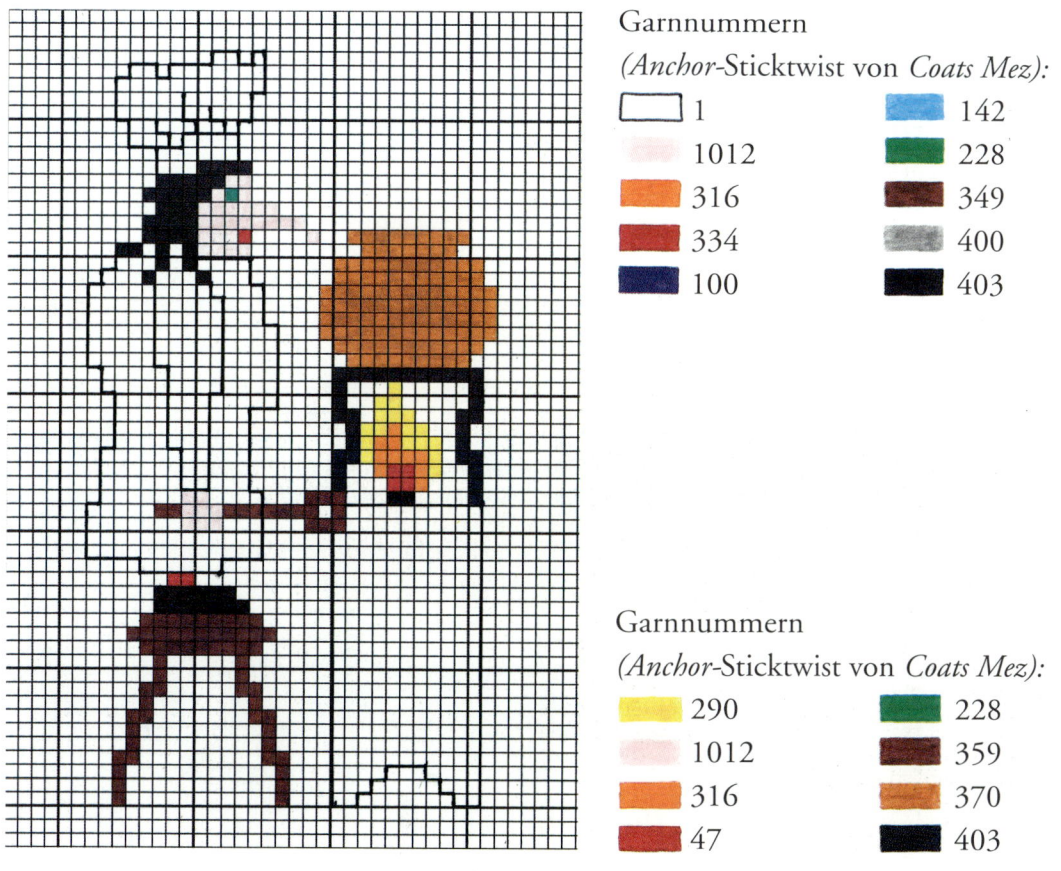

Garnnummern
(Anchor-Sticktwist von *Coats Mez)*:

■ 290	■ 228
■ 1012	■ 359
■ 316	■ 370
■ 47	■ 403

27

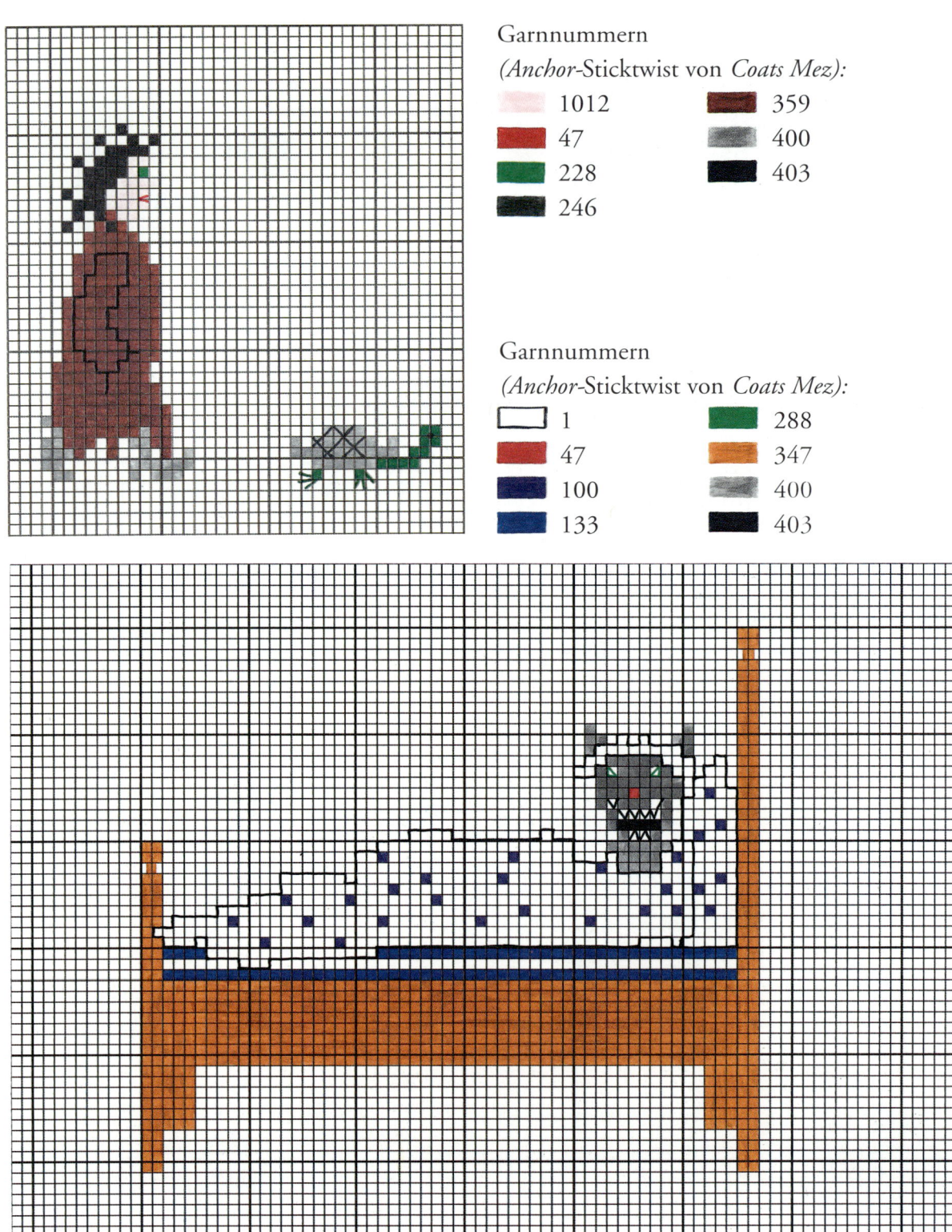

Garnnummern
(*Anchor*-Sticktwist von *Coats Mez*):

▭	1012	▬	359
▬	47	▬	400
▬	228	▬	403
▬	246		

Garnnummern
(*Anchor*-Sticktwist von *Coats Mez*):

▭	1	▬	288
▬	47	▬	347
▬	100	▬	400
▬	133	▬	403

Garnnummern
(Anchor-Sticktwist
von *Coats Mez):*

- 1012
- 334
- 149
- 226
- 228
- 359
- 400
- 403

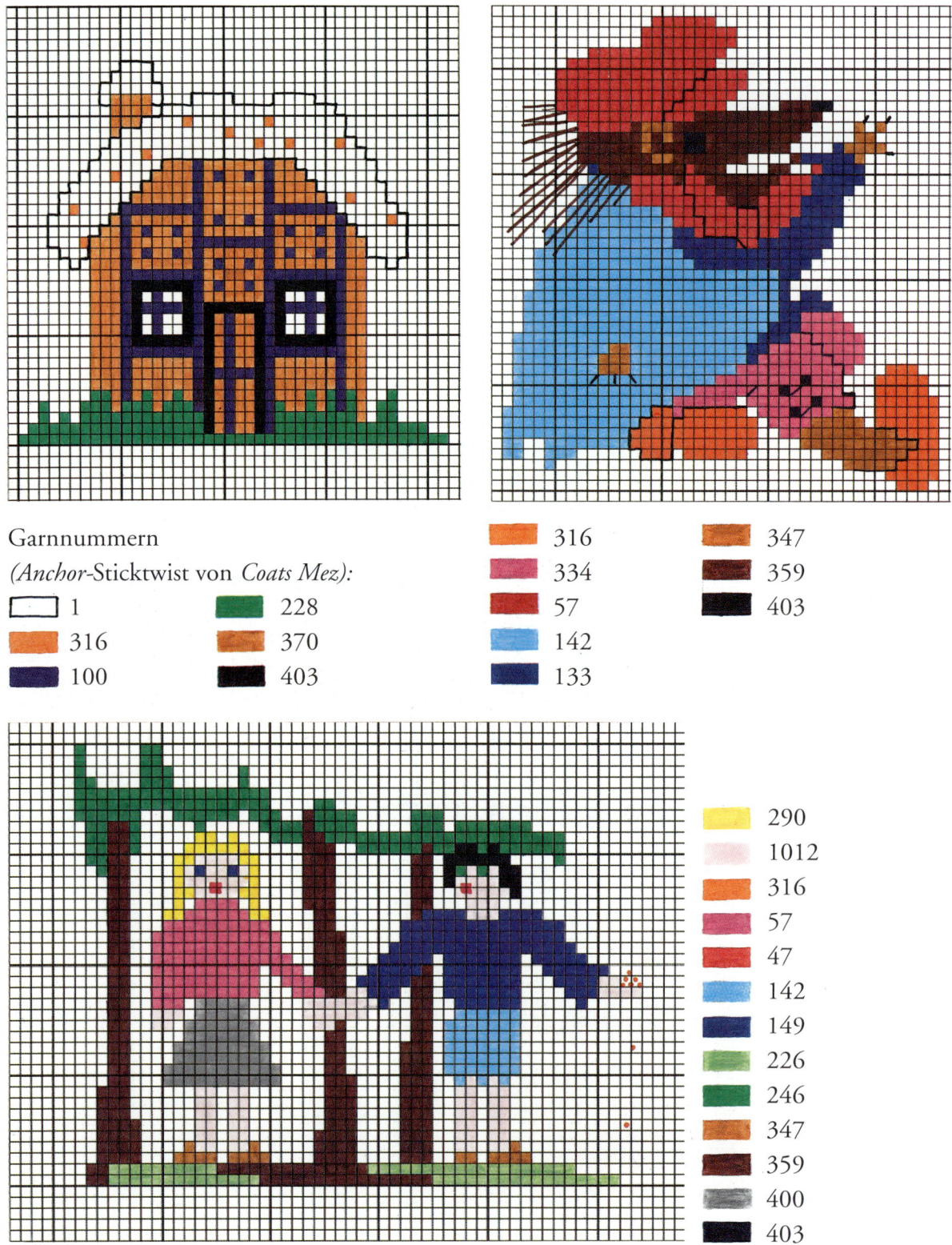

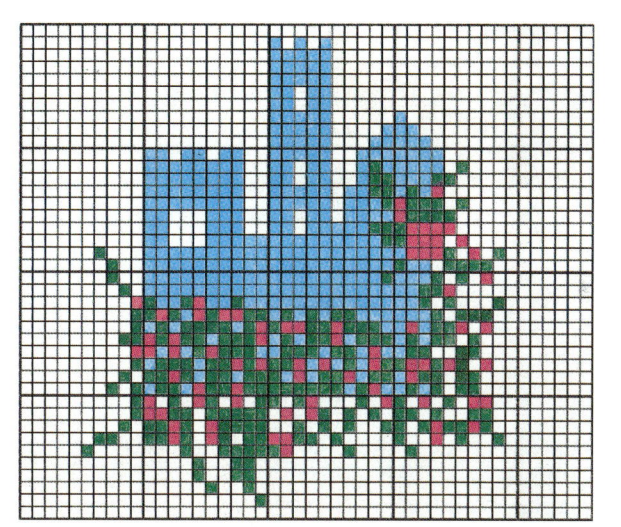

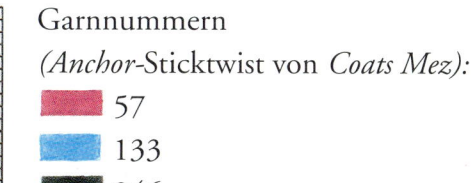

Garnnummern
(Anchor-Sticktwist von Coats Mez):

- 57
- 133
- 246

Garnnummern
(Anchor-Sticktwist von Coats Mez):

- 57
- 47
- 100
- 226
- 228
- 347
- 370
- 403
- 1

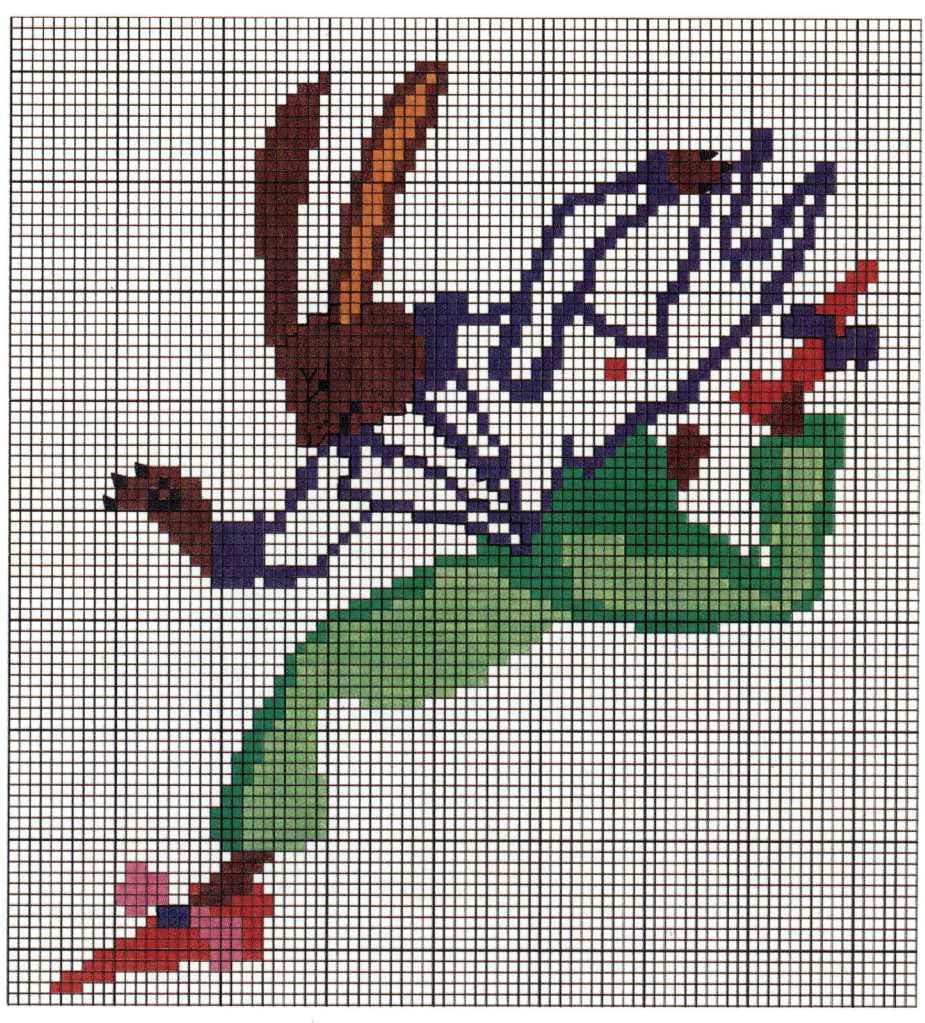

Garnnummern
(*Anchor*-Sticktwist von *Coats Mez*):

- 1
- 290
- 1012
- 47
- 149
- 228
- 403

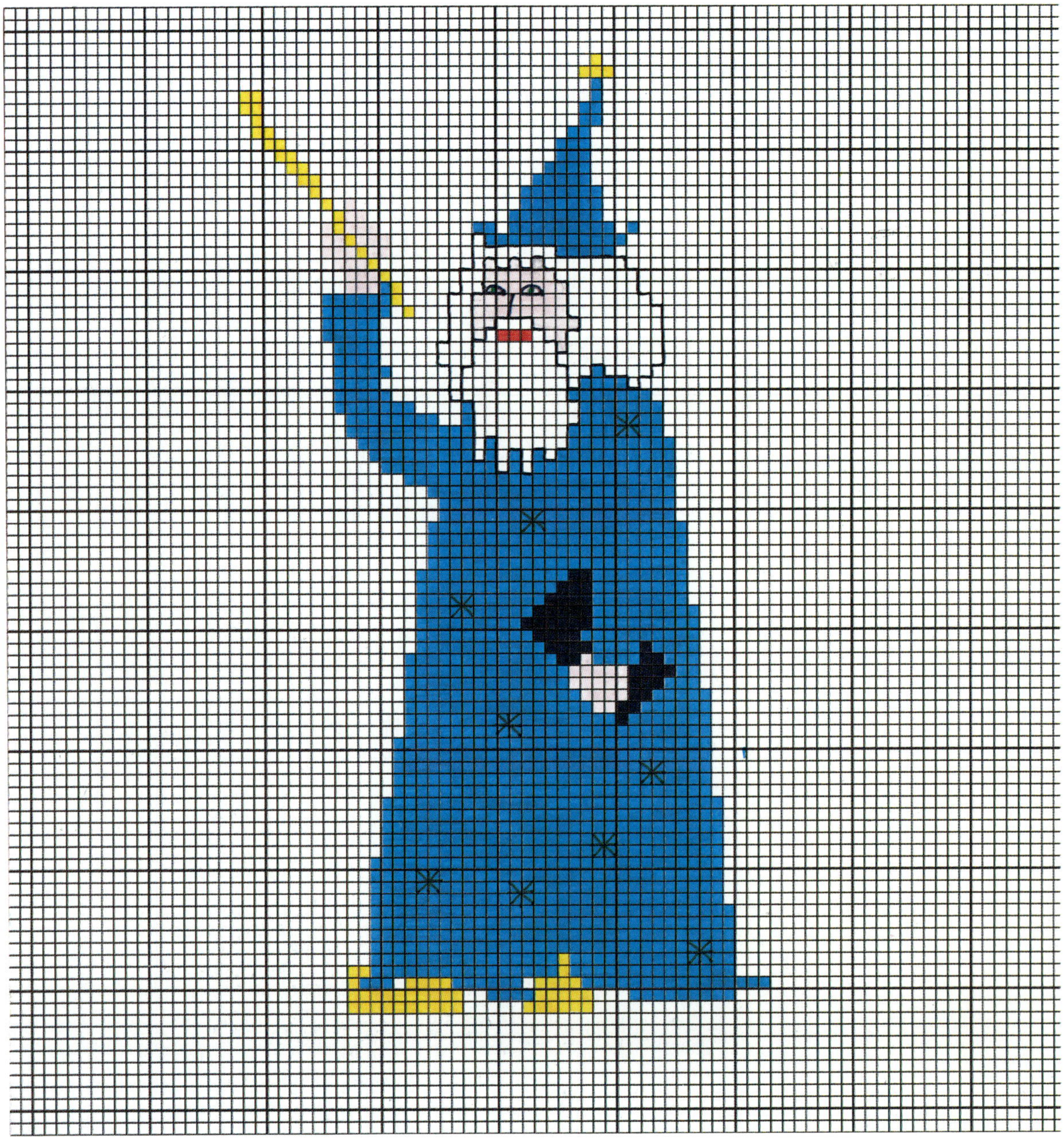

Handtuch, Badetuch und Waschlappen

Kaufen Sie Handtücher ohne Muster. Auf weißen Tüchern kommen die Stickereien besonders gut zur Geltung. Außerdem brauchen Sie Stickbänder, 2 cm länger als das Handtuch und 1 cm breiter als eventuell vorhandene Dekorborten.

Nach dem Sticken der Borte nähen Sie diese auf das Handtuch auf, indem Sie die Bortenenden vorher mit Zick-Zack-Stich versäubern, je 1 cm nach hinten umlegen und am Handtuchrand anlegen und das Band dann im einfachen Steppstich aufsteppen.

Nähen Sie statt eines teuren Bademantels ein Kapuzentuch. Hierzu benötigen Sie ein großes Strandbadetuch und ein kleines Gästehandtuch und nähen diese in gezeigter Weise zusammen.

Aus dem Kapuzentuch wächst Ihr Kind nicht so schnell heraus, und es ist bestens für den Schwimmbad- oder Strandbesuch geeignet.

Arbeitszeit:
Nähzeit:
pro Borte 5 Minuten
Kapuzentuch 10 Minuten
Stickzeit: pro Meter Borte 6-12 Stunden

Garnnummern
(*Anchor*-Sticktwist von *Coats Mez*):

Ratte		Delphin	
	57		133
	400		226
	403		

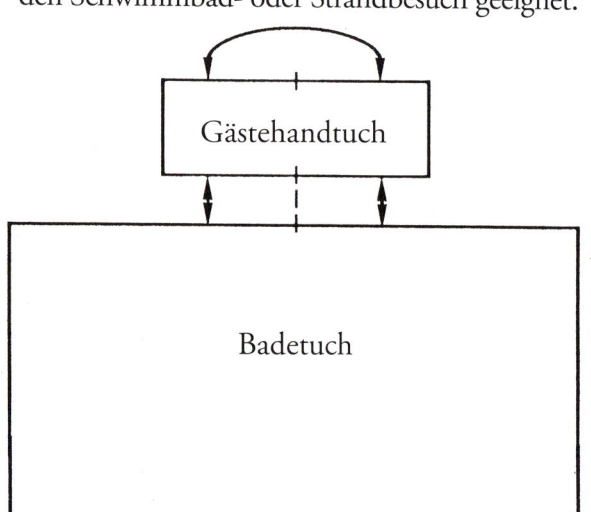

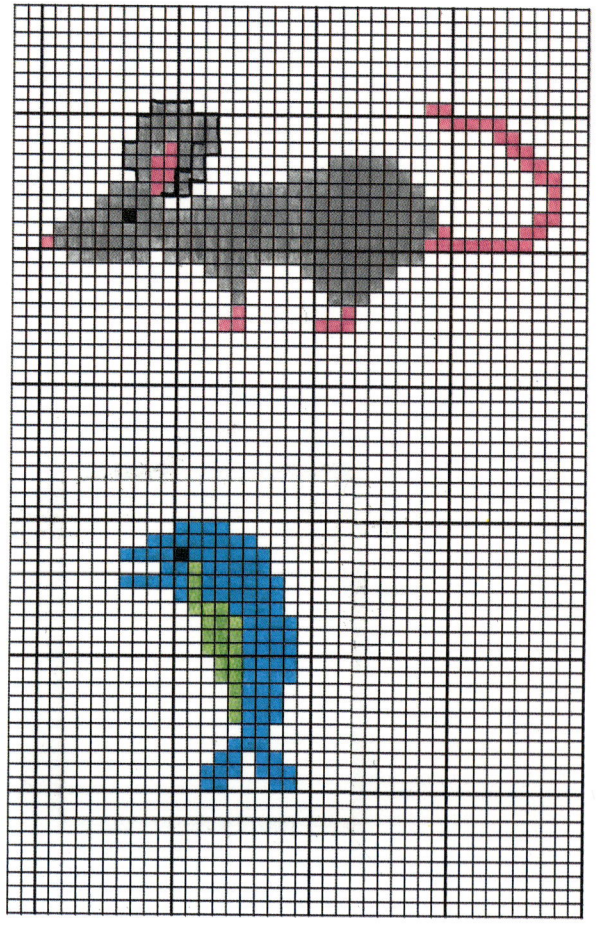

35

Tischwäsche

Aus einer Zeichentrickserie stammen die Motive für Tischdecke und Servietten: grinsendes Gemüse.

Gerade in der Vorweihnachtszeit werden in vielen Kaufhäusern handgewebte Tischdecken und Servietten ohne Muster angeboten (zu anderen Jahreszeiten empfiehlt sich der Besuch in Möbelhäusern oder Indien-Läden). Da diese Tücher meist sehr grob gewebt sind, sollten Sie auch hier mit Stramin arbeiten, aber passen Sie auf, daß Sie immer schräg zum Fadenlauf sticken.

Arbeiten Sie bei dunklem Untergrund mindestens drei-, wenn nicht sogar vierfädig, weil sonst die Stickerei sehr blaß und fade wirkt.

Arbeitszeit
Stickzeit: pro Motiv etwa 1 Stunde

Garnnummern
(*Anchor*-Sticktwist von *Coats Mez*):
☐ 1
■ 316
■ 334
■ 228
■ 347
■ 403

Fürs Kinderzimmer

Ein Maßband

gehört in jedes Kinderzimmer, denn jedes Kind verfolgt gern, wie schnell es »groß wird«. Wenn Sie neben der Zentimeter-Skala die Daten einsticken, an denen Ihr Kind die jeweilige Größe erreicht hat, wird das Band zu einem einzigartigen Erinnerungsstück.

Ich habe für das Maßband Aida-Stoff verwendet, der ganz einfach zu besticken ist: Die Ein- und Ausstichlöcher sind durch die Webstruktur problemlos zu erkennen. Auf keinen Fall sollten Sie einen zu weichen Stoff für diese Arbeit wählen. Aber trotzdem Vorsicht beim Sticken! Meine Zentimeter-Skala entspricht sicher nicht der Ihren. Sticken Sie also erst das Motiv fertig, dann legen Sie ein Maßband an den Stoff an und übertragen feine Bleistiftstriche auf das Gewebe, genau dort, wo Sie später auch sticken wollen, denn Bleistiftspuren lassen sich nur schlecht entfernen. Beim Aufsticken der Skala können Sie sich sicher nicht nach den Gewebefäden richten. Deshalb hinterkleben Sie diesen Streifen des Stoffs am besten (evtl. mit aufbügelbarer Vlieseline), damit keine Löcher entstehen. Wenn die Stickerei fertig ist, säumen Sie das Maßband an allen Seiten und nähen am oberen Rand einen Tunnel, durch den Sie ein Rundholz schieben. Daran befestigen Sie eine Kordel und hängen das Maßband – natürlich in der richtigen Höhe – an die Wand.

Arbeitszeit Maßband:
Stickerei: 20 Stunden
Nähen: ca. 30 Minuten

Garnnummern
(*Anchor*-Sticktwist von *Coats Mez*):

☐ 1
■ 334
■ 47
■ 228
■ 403

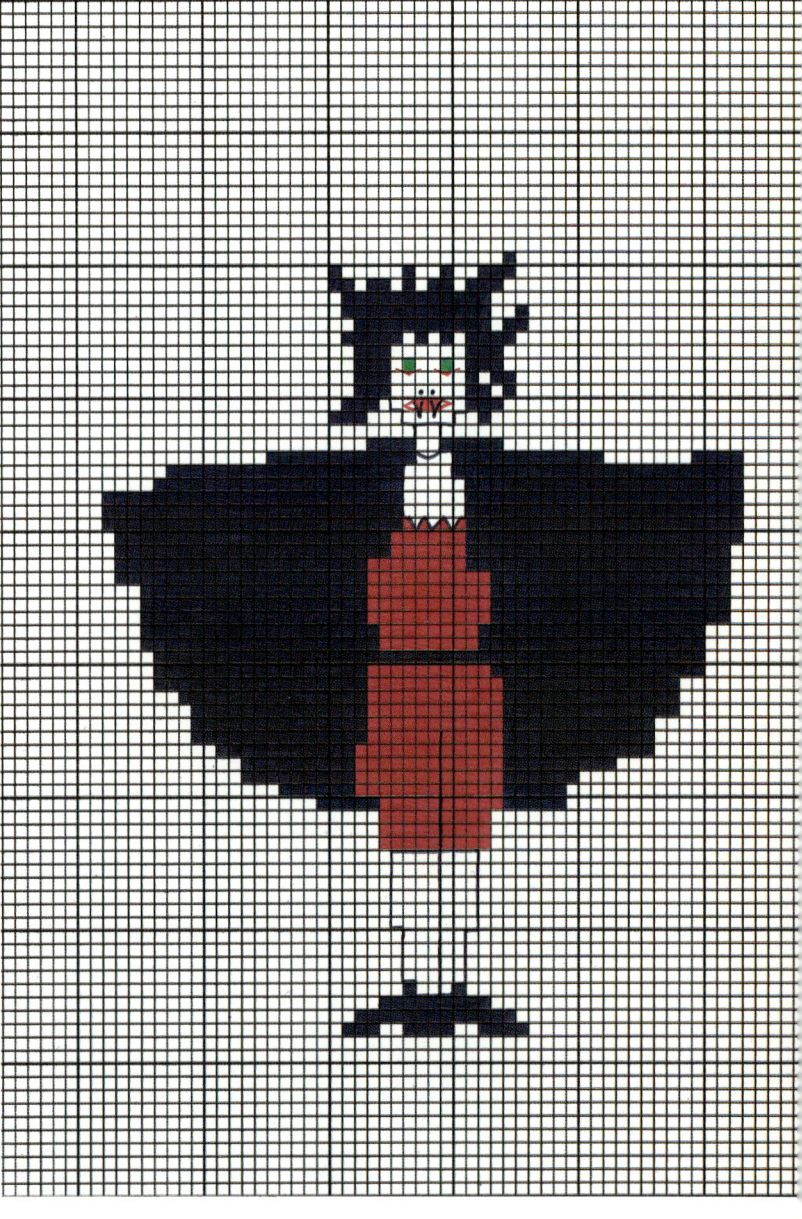

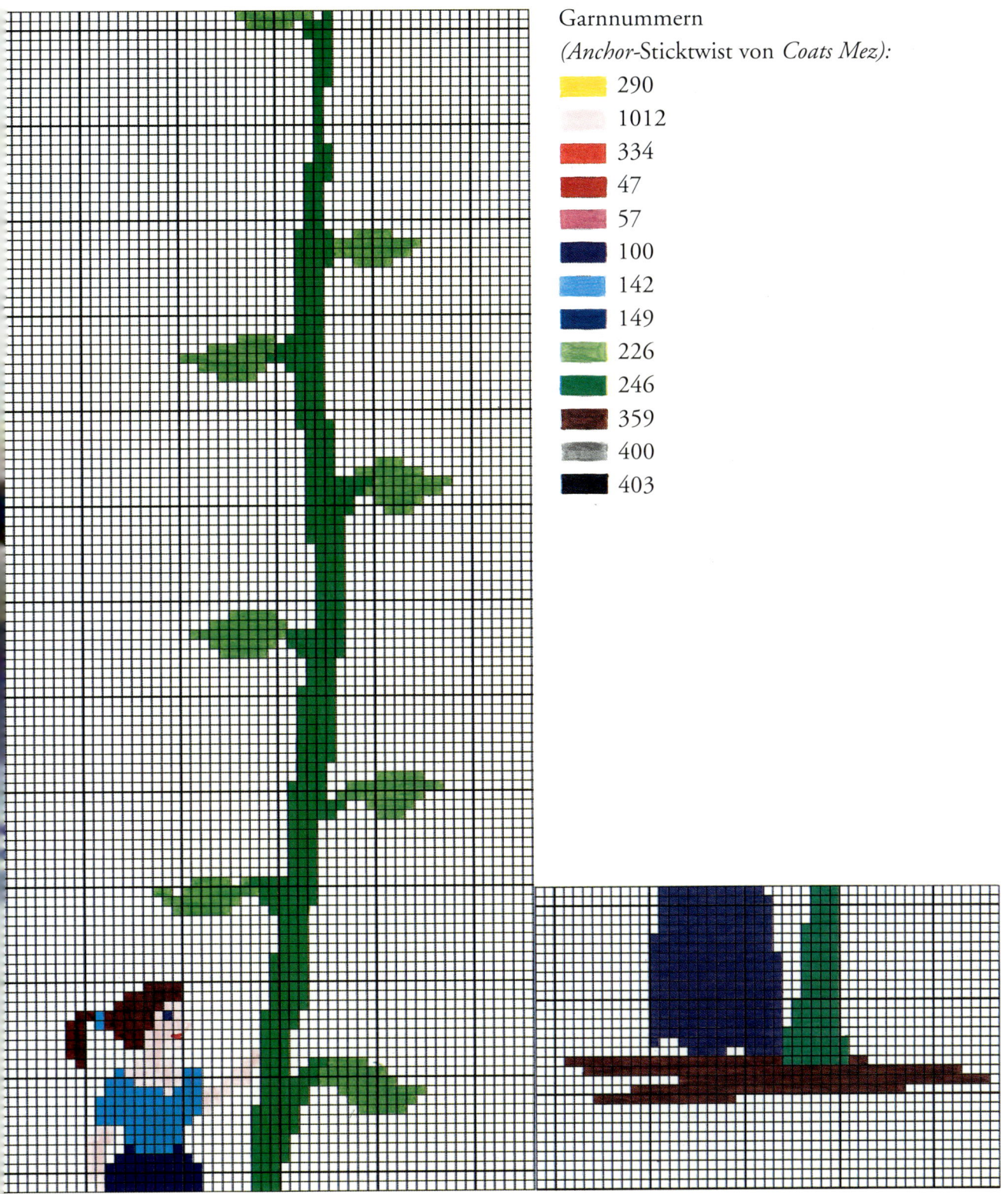

Garnnummern
(Anchor-Sticktwist von *Coats Mez):*

- 290
- 1012
- 334
- 47
- 57
- 100
- 142
- 149
- 226
- 246
- 359
- 400
- 403

Stickbilder

Die Bilder sind auf einfachem Zählstoff gestickt, erst die Flächen, hinterher die Steppstiche für die Konturen. Weiße Flächen können auf weißem Untergrund frei gelassen oder ausgestickt werden.

Nach Fertigstellung der Stickereien habe ich die Stoffstücke auf weiße Lampenschirmfolie aufgezogen, so habe ich mir einen Hintergrund erspart und die Form fixiert, um ein Verziehen des Gewebes während der Rahmung zu vermeiden.

Entweder kaufen Sie sich die Rahmen fertig im Handel, oder Sie bestellen sich im Bastlerbedarf den passenden Holzzuschnitt für Rahmen und Rückenteil, lackieren ihn nach dem Verkleben in einer passenden Farbe und fixieren das Bild. In jedem Fall sollten Sie Ihr Stickbild verglasen, da es sonst sehr schnell zu einem unansehnlichen Staubfänger wird, der dann nur noch sehr schwer zu reinigen ist.

Arbeitszeit:
Stickerei pro Bild ca. 10 Stunden
Rahmung pro Bild ca. 30 Minuten

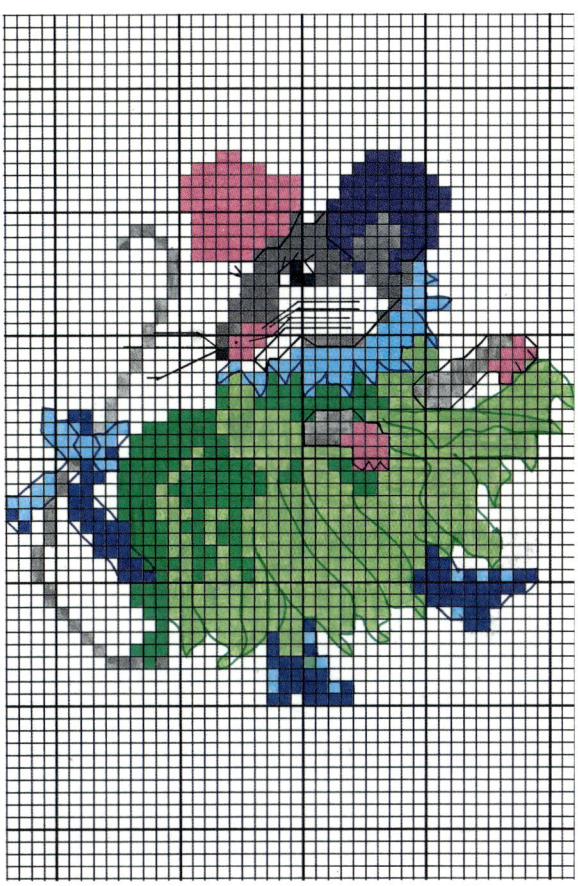

Garnnummern
(Anchor-Sticktwist von Coats Mez):

- 289
- 1012
- 316
- 334
- 47
- 133
- 142
- 149
- 228
- 108
- 359
- 400
- 403

Garnnummern
(Anchor-Sticktwist von Coats Mez):

- 1
- 57
- 100
- 142
- 149
- 226
- 246
- 400
- 403

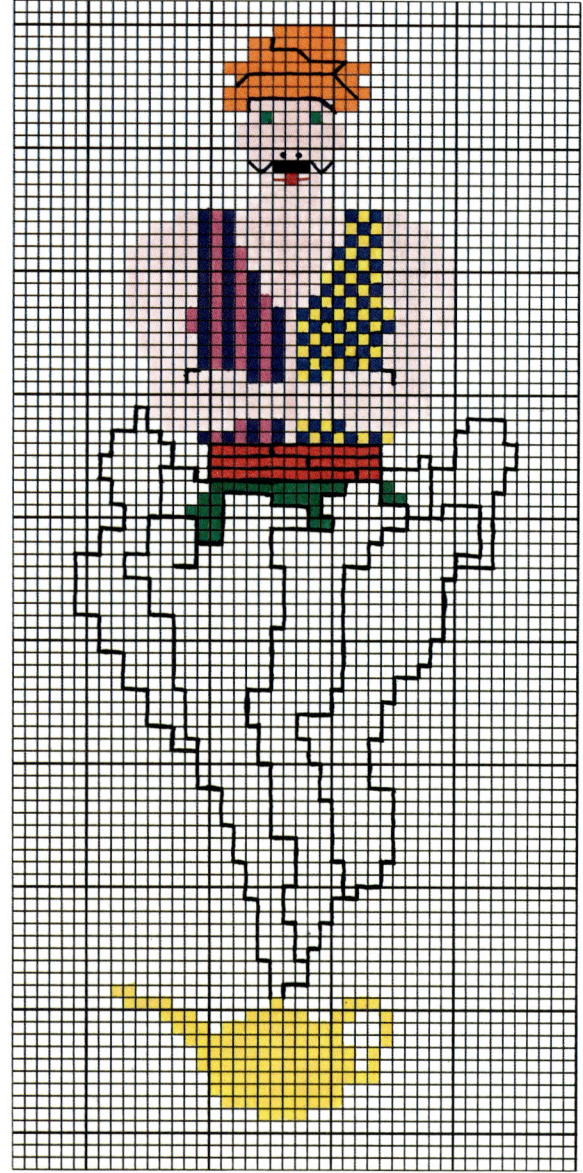

Garnnummern
(Anchor-Sticktwist von *Coats Mez):*

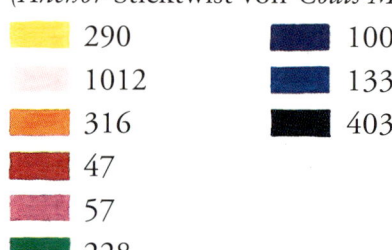

290	100
1012	133
316	403
47	
57	
228	

44

Garnnummern
*(Anchor-*Sticktwist von *Coats Mez):*

- 290
- 1012
- 316
- 334
- 47
- 403

Garnnummern
*(Anchor-*Sticktwist von *Coats Mez):*

- 2
- 289
- 334
- 47
- 100
- 142
- 133
- 226
- 400
- 403

Regalborten

Die Borde in Vitrinen und Wäscheschränken wurden früher gern mit bestickten Borten geschmückt, und heutzutage kommt dieser Brauch wieder mehr und mehr in Mode. Sicher freuen sich auch Kinder, wenn die Bretter ihres Spielzeugregals mit fröhlichbunten »Bildergeschichten« verziert werden. Die Stickbänder gibt´s fertig zu kaufen. Fertig bestickt, lassen sie sich mit doppelseitigem Klebeband oder mit Reißzwecken am Regal befestigen.

Da wandert Pinocchio das Regal entlang, während seine Nase immer länger wird. In vielen kräftigen Farben zeigt sich die Stadtsilhouette aus »Tausendundeiner Nacht«, und die Zwerge aus »Schneewittchen« tanzen und üben den Handstand. Selbstverständlich eignen sich die gleichen Motive auch als Verzierung für den Saum eines einfachen Rockes, als Borte zur Verlängerung einer zu kurz gewordenen Hose oder als Abschluß am Kinderzimmervorhang.

Arbeitszeit:
Stickerei pro Meter Borte 5 – 10 Stunden

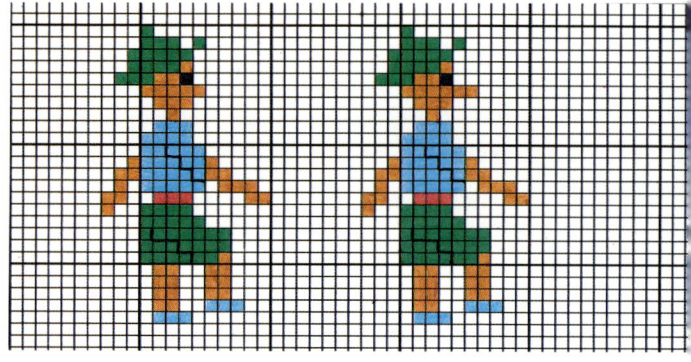

Garnnummern
(Anchor-Sticktwist von Coats Mez):

	347		228
	334		403
	142		

Garnnummern
(Anchor-Sticktwist von Coats Mez):

	289/290		142
	1012		133/149
	314/316		226
	47		246
	57		359
	100		403

Keine Farbangaben, weil von Rapport zu Rapport wechselnde Farben verwendet werden.

Das Werk einschließlich aller seiner Teile ist urheberrechtlich geschützt. Jede Verwertung außerhalb des Urhebergesetzes ist ohne Zustimmung des Verlages unzulässig und strafbar. Das gilt insbesondere für Vervielfältigungen, Übersetzungen, Mikroverfilmungen und die Einspeicherung und Verarbeitung in elektronischen Systemen.

Es ist deshalb nicht gestattet, Abbildungen des Buches zu scannen, in PCs oder auf CDs zu speichern oder in PCs / Computern zu verändern oder einzeln oder zusammen mit anderen Bildvorlagen zu manipulieren, es sei denn mit schriftlicher Genehmigung des Verlages.

Die im Buch veröffentlichten Ratschläge wurden von Verfasser und Verlag sorgfältig erarbeitet und geprüft. Eine Garantie kann dennoch nicht übernommen werden. Ebenso ist eine Haftung des Verfassers bzw. Verlages und seiner Beauftragten für Personen, Sach- und Vermögensschäden ausgeschlossen.

Jede gewerbliche Nutzung der Arbeiten und Entwürfe ist nur mit Genehmigung von Verfasser und Verlag gestattet.

Bei der Anwendung im Unterricht und in Kursen ist auf dieses Buch hinzuweisen.

Fotografie: Klaus Lipa, Augsburg
Lektorat: Helene Weinold
Umschlaggestaltung: Christa Manner, München
Layout: Anton Walter, Gundelfingen
AUGUSTUS VERLAG AUGSBURG 1994
© Weltbild Verlag GmbH, Augsburg
Satz: Gesetzt aus 12 Punkt Adobe Garamond
in Quark-X-Press
von Walter Werbegrafik, Gundelfingen
Reproduktion: Repro Ludwig, A-Zell am See
Druck und Bindung: Himmer, Augsburg
Gedruckt auf 120 g umweltfreundlich elementar chlorfrei gebleichtes Papier.
ISBN 3-8043-0257-2
Printed in Germany